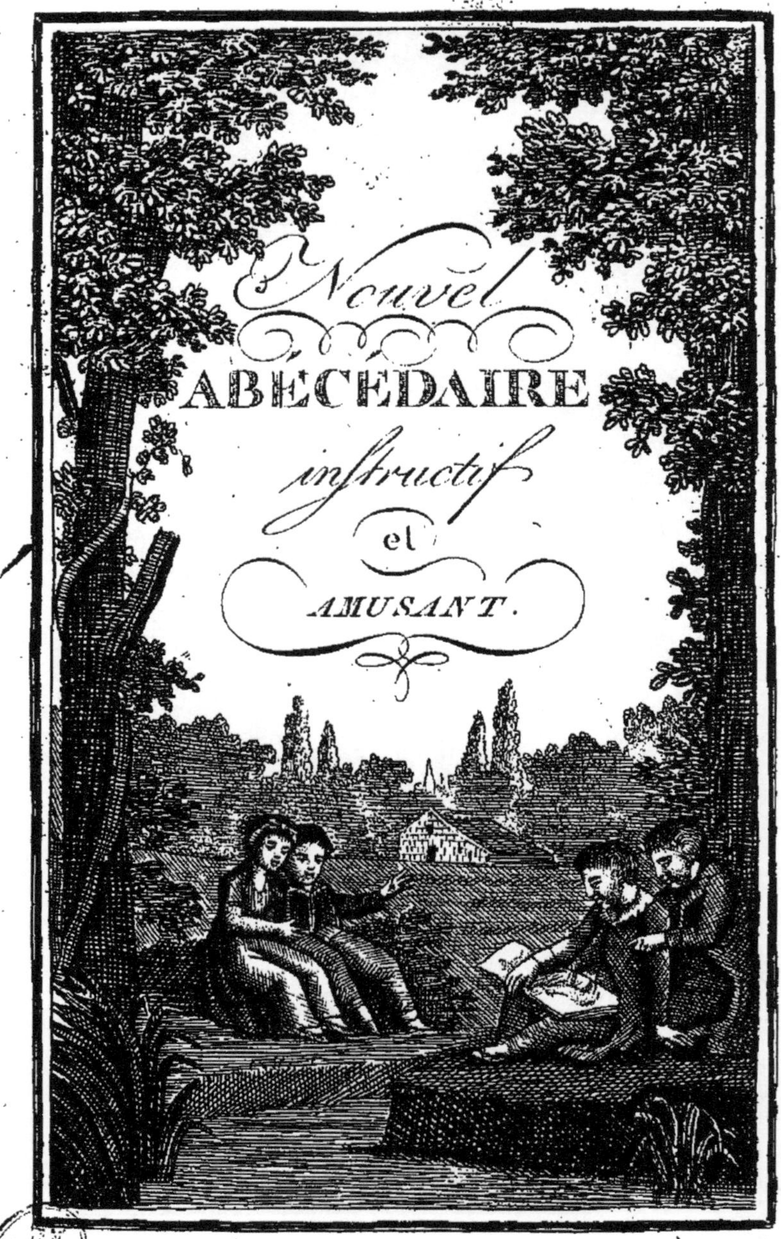Nouvel
ABÉCÉDAIRE
instructif
et
AMUSANT.

NOUVEL ABÉCÉDAIRE

INSTRUCTIF ET AMUSANT;

CONTENANT des Fables ; des Fragmens curieux d'Histoire Naturelle ; et augmenté des principales règles de l'Orthographe,

ET ORNÉ DE 26 FIGURES GRAVÉES.

DIX-SEPTIÈME ÉDITION.

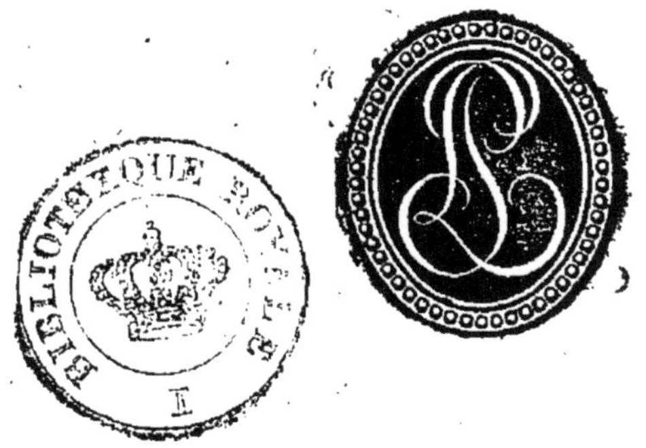

A PARIS,

Chez LE PRIEUR, Libraire, rue des Noyers, No. 45.

1812.

DE L'IMPRIMERIE DE J.-B. IMBERT.

a | b
c | d
e | f

g	h
i	k
l	m

n	o
p	q
r	s

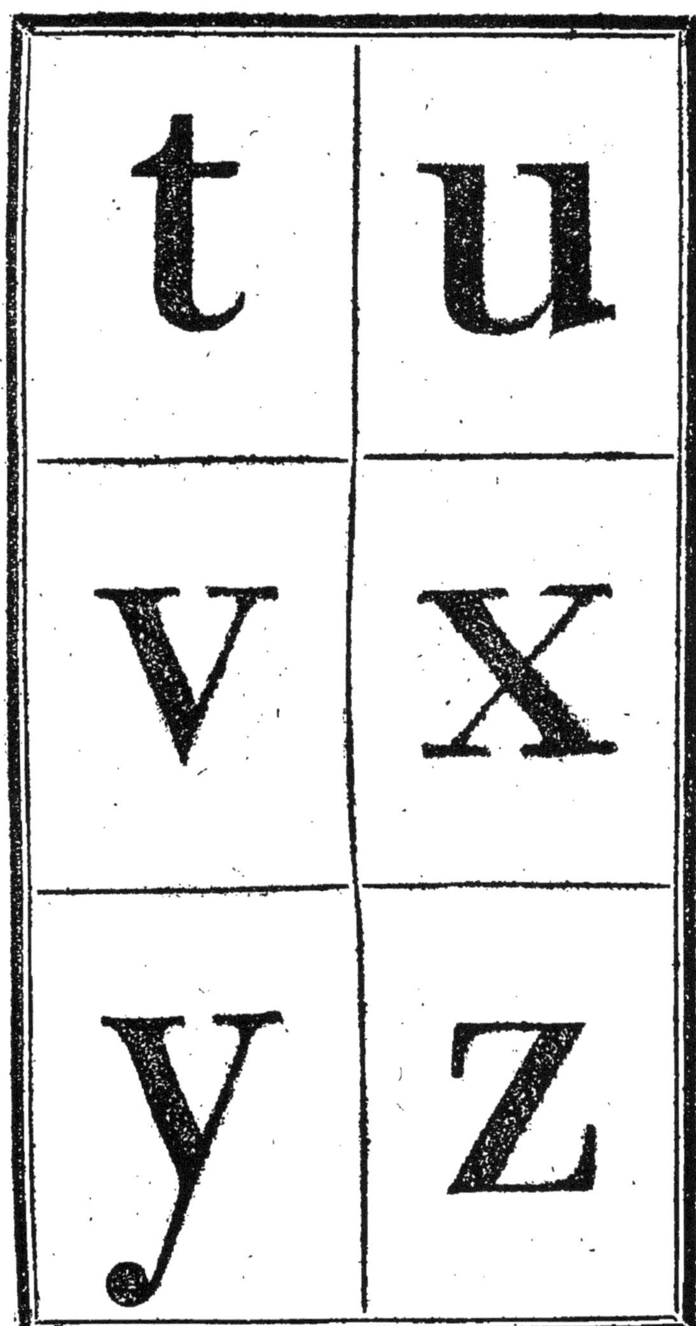

A   B   C   D

E   F   G   H

I   J   K   L

M   N   O   P

Q   R   S   T

U   V   X   Y   Z.

$$A \quad B \quad C \quad D$$

$$E \quad F \quad G \quad H$$

$$I \quad J \quad K \quad L$$

$$M \quad N \quad O \quad P$$

$$Q \quad R \quad S \quad T$$

$$U \quad V \quad X \quad Y \quad Z.$$

a b c d

e f g h

i j k l

m n o p

q r s t

u v x y $z.$

a e i ou y o u

ba be bi bo bu

ca ce ci co cu

da de di do du

fa fe fi fo fu

ga ge gi go gu

ha he hi ho hu

ja je ji jo ju

ka ke ki ko ku

la le li lo lu

mamemimomu

na ne ni no nu

pa pe pi po pu

qua que qui quo qu

ra re ri ro ru

sa se si so su

ta te ti to tu

va ve vi vo vu

xa xe xi xo xu

za ze zi zo zu

(Mots à épeler.)

Pa pa

Ma man

A mi

Cou sin

Pom me

Chat

Chi en

Rat

Bal lon

Bou le

Gâ teau
Pain
Cou teau
Four neau

---

blā , bre , cli, cro , dru.
fla , gre , pli , tro , tru.
ça , gne , phi, rho , thu.

Bla ser
Bre bis
Cli mat

Cro quet

Dra gon

Flam me

Gre lot

Trom per

Re çu

Cher cher

Mon ta gne

Phi lo so phe

Thé

Lettres accentuées.

é　　　　　(aigu)
à è ù　　　(graves)
â ê î ô û　(circonflexes)
ë ï ü　　　(tréma)

———————

Pâ té

Mè re

Pâ tre

Mê me

Maî tre

A pô tre

Hé ro ï ne

Lettres doubles et liées ensemble.

æ	œ	fi	ffi
fi	ffi	fl	ffl
ff	sb	fl	ff
&ct;	ft	w	&.
œ	œ	fi	ffi
fi	ffi	fl	ffl
ff	sb	fl	ff
&ct;	ft	w	&.

OEil.
OEuf.
Bœuf.

(Mots plus difficiles à épeler.)

In di gna ti on

Pa ti en ce

In di vi si bi li té

Or phe lin

I ne xo ra ble

Scor pi on

Zo di a que

Pa trouil le

Ci trouil le

Bouil li

Vo lail le

Ail

Co quil la ge

Li ma çon

Cuir

É pi lep sie

Fau teuil

Feuil le

Ex cel lent

Phra se

Prin temps

(Phrases à épeler.)

J'ai me mon pa pa.

Je se rai bi en sa ge , et l'on m'ai me ra bi en.

J'i rai me pro me ner tan tôt, si le temps est beau.

Quand j'au rai bi en lu ma le-

çon, on me don-
ne ra des dra-
gées.

FABLE A ÉPELER.

LE MOINEAU ET SES PETITS.

———

Un moi neau a voit
pla cé son nid dans le
trou d'un mur. Au cu ne
bê te mal fai san te n'y
pou voit par ve nir.

Le moi neau é le-
voit tran quil le ment
sa fa mil le. Il au roit

é té heu reux , si ses pe tits eus sent vou lu l'é cou ter; mais à chaque ins tant ils venoient sur le bord du nid ; le pau vre oiseau trem bloit , dans la crain te de les voir tom ber.

Il leur di soit de se te nir dans le fond du nid, mais ils ne le vouloient point.

Un jour qu'il é toit sor ti, ils se fi rent un

plai sir de lui dé so-
bé ir. Ils s'é loi gnè-
rent plus que les pre-
mi è res fois ; ils fu-
rent si loin, qu'ils tom-
bè rent par ter re. Ils
n'a voient pas en co re
de plù mes aux ai les ;
ils ne pu rent se sau-
ver.

A lors ils se re pen-
ti rent bi en de leur
im pru den ce ; mais il
n'é toit plus temps.

Un gros chat qui

Autruche
Baleine
Chameau

pas soit par-là, les vit ;
il n'a voit pas dî né ,
et il les cro qua sur-
le-champ. C'est ain si
qu'ils fu rent pu nis de
leur dé so bé is san ce.

Ce la vous ap prend,
mes en fants, qu'il faut
o bé ir à vos pè res et
mè res.

HISTOIRE

Des Animaux gravés dans ce Livret.

A.   Autruche.

L'Autruche est un très - grand
oiseau, dont les plus belles plumes

servent à parer les chapeaux des dames. On le trouve dans les déserts de l'Afrique, qui sont des pays extrêmement chauds, et couverts de sable.

L'autruche ne vole pas, mais elle court si vîte, si vîte, qu'un bon cavalier ne peut la joindre dans sa course. Tout en fuyant, elle sait se défendre ; elle ramasse des pierres, et les lance avec tant de roideur, qu'elle pourroit tuer un homme. Quand elle est bien lasse, et qu'elle voit que les chasseurs vont la prendre, elle s'arrête et se contente de cacher sa tête.

Cet oiseau pond douze à quinze œufs gros comme la tête d'un enfant ; il a soin de les cacher dans le sable, dont la chaleur leur est favorable. Ces œufs sont fort bons à manger ; la coquille en est aussi utile ; elle est si épaisse, qu'on s'en sert comme d'un vase de porcelaine.

B.   Baleine.

La Baleine est le plus gros de tous les poissons de la mer et de tous les autres animaux ; c'est comme une maison ; elle a jusqu'à cent pieds de long. Sa bouche est si grande, si grande, que trois à quatre hommes pourroient y entrer. C'est avec ses dents qu'on fait une espèce de baguettes pliantes, qu'on appelle *baleines*. On dit que ce poisson est si fort, qu'il peut renverser un petit vais-

B

seau d'un coup de queue. Sa peau est noire et fort dure.

La Baleine ne fait qu'un petit à la fois ; mais ce petit a jusqu'à trente pieds de longueur.

Vous avez vu des poissons, et vous savez bien qu'ils n'ont point de lait à donner à leurs petits, eh bien ! la Baleine, contre l'ordinaire des poissons, a du lait comme une vache, et son petit Baleineau la tette comme un veau.

On a bien du mal pour pêcher un si grand poisson; on ne le peut sans être beaucoup de monde. Lorsqu'on aperçoit la Baleine, on lui jette un crochet de fer attaché à un câble; ce crochet lui entre dans la peau; elle veut s'enfuir, on lâche le câble, et lorsqu'elle est morte, on la retire par le moyen de la corde et du crochet.

On ne la pêche guère que pour avoir sa graisse, qui est en grande quantité, et que l'on met fondre dans des chaudières. Cette graisse, que l'on nomme Huile de Baleine, sert à brûler, à adoucir le cuir, et à nombre d'autres usages.

***

C.   Chameau.

Oh! qu'il est drôle, cet animal, avec ses deux bosses sur le dos! C'est un Chameau. Dans le pays où il naît, il sert à porter des fardeaux, comme le cheval chez nous.

C'est un animal qui n'est pas du tout méchant. Il est très-fort;

et lorsqu'il est bien chargé, il marche plus facilement, si l'on chante à côté de lui : il aime la gaîté.

Voyez comme Dieu a bien disposé tout ce qu'il a créé ! le Chameau naît dans des pays tout couverts de sable brûlé par le soleil, et où il faut marcher plus de cent lieues sans rencontrer d'eau : eh bien ! le Chameau peut rester neuf à dix jours sans boire. Il est aussi extrêmement sobre ; une pelote de pâte lui suffit pour sa nourriture d'une journée.

Cet animal est d'une utilité étonnante ; mais il est si haut, qu'il seroit bien difficile de le charger, si on ne lui apprenoit pas à s'accroupir ; ce qu'il fait chaque fois qu'on veut lui mettre quelque

Daim
Eléphant
Faisan
Gazelle

chose sur le dos. Il ne refuse de
marcher que lorsqu'il est trop
chargé ; alors il jette des cris la-
mentables, bien propres à atten-
drir un maître injuste.

D.   Daim.

Cet animal-ci est fort joli; on
diroit que c'est un petit Cerf; il
porte un bois ou des cornes presque comme lui.

Quoiqu'assez ressemblans, les
Daims et les Cerfs ne sont cependant pas amis; ils ne se recher-
chent que pour se battre, et leurs
combats sont assez singuliers.

Les Cerfs vont par troupes, les
Daims ont la même habitude. Ils
ont à leur tête un chef, et ce chef
est ordinairement le plus âgé; c'est

3

lui qui marche le premier, et qui a l'air de déterminer tous les mouvemens de la troupe. Lorsque les Cerfs veulent un lieu qui convient aussi aux Daims, ces derniers vont les attaquer en ordre; ils livrent leurs combats avec précaution, se soutiennent et se secourent. Les vaincus sont obligés de fuir.

La peau de Daim est très-estimée; on en fait des culottes et des gants.

E.   Éléphant.

C'est aussi un bien gros animal, que l'Éléphant; quand on le voit se mouvoir, on croiroit que c'est une petite montagne qui s'agite. Sa couleur est terreuse; sa peau est extrêmement dure, et res-

semble à un vieux cuir de car-
rosse.

Sa forme est très-peu élégante ;
cependant gardons-nous bien de
le mépriser. C'est l'un des animaux
le plus adroit et le plus raisonna-
ble. Entre les deux longues défenses d'ivoire qui sortent de sa
bouche, pend une trompe avec laquelle il fait une infinité de choses. Il la ploie et déploie à sa vo-
lonté ; cette trompe est un long
nez, et ce nez lui sert de main.

Vous me demanderez comment
un nez peut prendre quelque chose : en voici l'explication. Quand
l'Eléphant veut enlever un objet
quelconque, il respire fortement ;
l'objet s'attache au bout de sa
trompe, et il peut enlever ainsi
jusqu'à deux cents livres pesant.

C'est avec sa trompe qu'il porte son manger à sa bouche. Quand il a soif, il remplit cette trompe d'eau, et boit ensuite.

Cet animal, quoique extrêmement fort, n'est point méchant. Il ne se met en colère que lorsqu'on l'offense ; alors il dresse ses oreilles et sa trompe, et c'est avec cette trompe qu'il renverse les hommes ou les jette au loin, arrache les arbres et soulève tout ce qui lui fait obstacle.

L'Éléphant porte sans peine plusièurs hommes sur son dos. En Asie, on met des espèces de petites maisons bien légères sur lui, et là-dedans on voyage fort à son aise.

Cet animal si massif aime la musique et suit la cadence en

marchant. Il a autant d'esprit qu'il paroît en avoir peu : en voici une preuve.

Un Éléphant fort apprivoisé alloit assez souvent tendre sa trompe à la porte d'un tailleur ; celui-ci s'avisa de le piquer légèrement avec son aiguille. L'Éléphant ne s'en fâcha point. Un autre jour il vint tendre encore sa trompe ; on la piqua ; aussitôt il fit jaillir, comme d'une grosse seringue, une quantité d'eau sur le pauvre tailleur, qui en fut inondé ; et l'animal s'en fut ensuite, satisfait de s'être vengé d'une manière si comique. Il avoit conservé dans sa trompe toute l'eau qui lui avoit été nécessaire pour sa vengeance. Vous voyez que l'Éléphant a autant de douceur

que de raison; car il falloit raisonner et n'être point méchant
pour se venger ainsi. Un enfant
espiègle n'en eût pas fait davan-
tage.

F. Faisan.

Cet oiseau, qui ressemble un
peu au coq ordinaire, a un très-
joli plumage nuancé de vert, de
brun et de couleur d'or. Il vit dans
les bois.

Les chasseurs sont très-joyeux
quand ils le rencontrent et peuvent l'attraper. Sa chair est un
mets très-friand et recherché.

Le faisan fait son nid à terre,
dans les buissons les plus épais;
il a jusqu'à sept ou huit petits.

G. Gazelle.

La Gazelle est un joli quadru-pède d'une taille fine et bien prise, et des plus légers à la course. Elle a des cornes.

Il y a une espèce de Gazelle qui donne le *musc;* on la distingue surtout à une petite bourse d'environ un pouce, qui s'élève au-dessus du ventre : c'est dans cette bourse que le musc se trouve.

Voici la manière cruelle dont on obtient le musc. On frappe la Gazelle à coups de bâton, jusqu'à ce qu'il se forme sur son corps des bosses et des contusions où le sang se ramasse. On lie ensuite la peau dans les endroits où le sang extra-vasé l'a fait élever, et on serre

6

tellement ce nœud , que le sang qui est renfermé dans cette espèce de poche n'en peut plus sortir. On laisse ensuite sécher ces poches sur l'animal jusqu'à ce qu'elles tombent d'elles-mêmes. C'est là qu'on trouve ce sang parfumé , qui s'est converti en musc au bout d'un mois.

H. Hippopotame.

Ce vilain animal , qui est effrayant, s'appelle encore cheval de rivière. Il ressemble effectivement en quelque chose au cheval ; et vit autant dans l'eau que sur la terre. Il se trouve dans presque toutes les grandes rivières de l'Afrique. Il se promène au fond de l'eau, comme nos chevaux dans les prairies.

Hipopotame
Isatis
Juguar
Kabassou

Sa peau est noire, presque sans poil, et si dure sur le dos, qu'une flèche et même une balle ne peuvent l'entamer.

Il mange des poissons, et vient aussi paître sur le rivage des rivières. La femelle accoutume ses petits à se plonger dans l'eau au moindre bruit.

I.   Isatis.

L'Isatis ressemble tout-à-fait au Renard, par la forme du corps et par la longueur de la queue; mais par la tête, il ressemble plus au chien.

Il y a des Isatis de deux couleurs; des blancs et des bleus cendrés.

La voix de l'Isatis tient de l'aboiement du Chien et du glapissement du Renard.

L'Isatis vit de rats, de lièvres et d'oiseaux. Il a autant de finesse que le Renard pour les attraper. Il se jette à l'eau, et traverse les lacs pour chercher le nid des canards et des oies; il en mange les œufs et les petits, et n'a pour ennemi que le Glouton, qui lui dresse des embûches au passage.

J.   Jaguar.

Le Jaguar est un animal carnassier de l'Amérique, à peu près de la grosseur d'un dogue; il est tacheté comme le Tigre. Quand il est pressé par la faim, il est aussi dangereux; mais il ne faut, pour le faire fuir, que lui présenter un tison allumé. Quand il a bien mangé , il n'a plus de courage.

Lorsque les Jaguars sont affamés , ils attaquent les vaches et les bœufs en leur sautant sur le dos ; ils enfoncent les griffes de la patte gauche sur le cou ; et lorsque le bœuf est tombé , ils le déchirent , et traînent les lambeaux de sa chair dans les bois , après lui avoir ouvert la poitrine et le ventre pour boire tout le sang , dont ils se contentent pour une première fois. Ils couvrent ensuite avec des branches les restes de leur proie , et ne s'en écartent guère ; mais lorsque la chair commence à se corrompre , ils n'en mangent plus.

K.   Kabassou.

Le Kabassou mérite, par sa structure, qu'on l'examine soigneusement. Il n'a ni poils ni plumes, comme les autres animaux; mais son corps est couvert en partie d'un têt dont la substance est semblable à celle des' os. Ce têt est disposé à peu près comme l'armure des anciens guerriers, c'est-à-dire que les bandes osseuses entrent les unes sur les autres, pour donner à l'animal, au moindre danger, la facilité de se ramasser en une boule qui peut résister à tous les chocs, de quelque côté qu'on l'attaque.

Cette armure naturelle est couverte d'une peau légère, qui fait l'effet du vernis.

Léopard
Marmotte
Nagor
Orang
Outang
Porc-Epic
Querciva

Le Kabassou, à ce têt près, est conformé comme les autres animaux. Il n'est point méchant, ne vit que de fruits, et se creuse un terrier avec plus de promptitude encore que la taupe.

L.   Léopard.

Le Léopard a la forme du Chat, mais est bien un autre animal. Sa fourrure est douce et fort belle ; son caractère est féroce et sanguinaire. Quand il est rassasié, il se plaît encore à déchirer les animaux qui lui tombent sous la griffe.

Son œil est inquiet, son regard cruel, ses mouvemens brusques. Il monte sur les arbres avec beaucoup d'agilité, y poursuit les animaux qui s'y réfugient, et se laisse tomber sur ceux qui passent en bas, pour les déchirer et les dévorer.

C'est le plus cruel des animaux. Il fuit la présence de l'homme, et erre dans les déserts sablonneux de l'Afrique.

M.   Marmotte.

Nous connoissons ce petit animal; nous avons vu de jeunes garçons qui, quelquefois, faisoient danser la Marmotte, et la remettoient ensuite dans leur petite boîte : mais il faut la voir dans les montagnes qu'elle habite.

Son domicile, ordinairement exposé au midi, est construit avec un art singulier, sur le penchant d'une colline. Elle creuse un trou où elle se fait une couche d'herbes fines et de mousse. Plusieurs Marmottes se réunissent pour construire le domicile. L'une creuse, et les autres vont chercher des herbes et de la mousse.

Cette demeure une fois préparée, est pour tous les descendans de chaque famille, à moins que quelque chasseur ou quelque bouleversement souterrain ne la détruise.

On ne sort de ces habitations que lorsque le temps est chaud, beau et serein. On va jouer, se divertir, brouter l'herbe aux environs. Une sentinelle, placée sur le sommet d'un rocher, avertit la troupe au moindre danger. Aperçoit-elle un aigle, un homme, un chien ; elle fait un cri. Toute la gent marmottine se retire dans sa tanière ; la sentinelle ne rentre que la dernière.

A l'approche de l'hiver, les Marmottes bouchent les issues de leurs demeures si exactement, qu'on n'en peut distinguer la place.

Alors elles se roulent les unes contre les autres, et dorment, ou plutôt restent engourdies jusqu'au printemps.

N.   Nagor.

Nous avons parlé de la Gazelle, qui est si légère et si jolie. Le Nagor est une espèce de Gazelle de la grandeur d'un Chevreuil. Il a aussi de petites cornes, légèrement courbées , et dirigées en avant.

Le Nagor est d'un roux pâle sur tout le corps ; et n'a pas le ventre blanc comme les autres Gazelles. Sa manière de vivre est la même que celle des Gazelles ; ainsi nous n'en parlerons pas davantage.

O. Orang-Outang.

L'Orang-Outang est une espèce de Singe , celle dont la ressemblance avec l'homme est plus frappante.

Ces animaux, pris jeunes, s'apprivoisent très-facilement. On les emploie à différens travaux domestiques.

On en a vu qui prenoient toutes nos habitudes ; comme de s'asseoir à table, faire usage de la serviette, du couteau, de la fourchette ; se verser à boire, choquer le verre, lorsqu'ils y étoient invités ; se promener gravement avec les gens qui venoient les visiter ; leur présenter la main pour les conduire, et nombre d'autres choses.

On appelle encore l'Orang-Outang homme sauvage. Son caractère est doux.

Dans l'état de liberté, il se construit des cabanes de branches entrelacées. Il est d'une force prodigieuse. Il fait la guerre aux Éléphans, et même aux Nègres.

P.   Porc-Épic.

Le Porc-Épic est tout hérissé de pointes qui piquent très-fort.

Lorsqu'il est en colère, il s'enfle, frappe la terre, et se jette sur son ennemi pour le frapper de mille dards à la fois. Les chiens qui le chassent, ne savent par quel côté l'aborder.

Il vit douze ou quinze ans. Sa chair est peu estimée.

Q.   Quereiva.

Cet oiseau se trouve à la Guiane, dans l'Amérique.

Il est à peu près gros comme une Grive. Ses plumes sont d'une très-jolie couleur. A leur origine, elles sont d'un beau noir; mais leur extrémité, c'est-à-dire le bout seul qui est vu, est d'un bleu vert; ce qui produit un effet fort agréable.

La gorge et le cou sont d'un

pourpre-violet très-éclatant. Ses ailes sont presque noires , ainsi que sa queue.

R. Rhinocéros.

Après l'Éléphant, le Rhinocéros est le plus gros des quadrupèdes. Il se trouve en Asie et en Afrique. Il vit d'herbes , de feuillages , de branches d'arbres. Sa peau est rude , écailleuse, et plus épaisse sur le dos que sous le ventre. Son cri est semblable à celui d'un bœuf poussif , et ne s'entend de loin que lorsqu'il est furieux. Il n'est point d'un caractère féroce , et ne fait aucun mal aux hommes qui ne l'attaquent point.

Le Rhinocéros et l'Éléphant sont ennemis mortels. La possession

Rhinoceros
Sanglier
Tapir

d'un pâturage excite entr'eux des combats terribles. Le Rhinocéros, avec la corne qu'il porte sur le nez, cherche à éventrer l'Éléphant; celui-ci, avec sa trompe et ses longues défenses, le harcelle, le déchire, le hache, le met en pièces. La victoire le plus souvent reste au Rhinocéros.

On croit que le Rhinocéros est quinze ans à prendre sa croissance et qu'il vit cent ans.

S. Sanglier.

Cet animal sauvage est la source primitive du cochon domestique. Il a la même manière de vivre, les mêmes inclinations.

La femelle du Sanglier s'appelle *Laie*, et ses petits, *Marcassins*.

C

Le Sanglier a deux fortes défenses ou longues dents, qui le rendent très-dangereux. Il tue avec la plus grande facilité les chiens que l'on met à sa poursuite. Lorsqu'il est pressé vivement par une meute, il s'accule contre un arbre, et fait une défense terrible, si les chasseurs lui en donnent le temps.

La partie la plus recherchée du Sanglier est la hure ou la tête. On fait avec sa peau des cribles, et avec ses soies des pinceaux, des brosses. La graisse sert à faire le sain-doux ou le vieux-oing.

Le Sanglier vit à peu près vingt-cinq ans. Les femelles portent, comme celle du cochon, un grand nombre de petits.

T. Tapir.

Le Tapir est un animal de l'Amérique. Il est de la grosseur d'une petite vache, mais sans cornes et sans queue. Il a la tête grosse et longue, avec une espèce de trompe formée par le prolongement de la lèvre supérieure, mais infiniment plus courte et moins parfaite que celle de l'Éléphant.

Le Tapir fait son gîte sur les collines et dans les endroits secs ; mais il fréquente les lieux marécageux pour y trouver sa subsistance. Il se nourrit de rejetons, de pousses tendres, et surtout de fruits tombés des arbres. Il aime la propreté, et va tous les matins et tous les soirs traverser quelque rivière ou se laver dans quelque lac.

Les Tapirs n'ont d'autre cri qu'une espèce de sifflet vif et aigu , que les chasseurs sauvages imitent assez parfaitement pour les faire approcher, et les tirer de très-près.

La femelle paroît avoir grand soin de son petit ; non-seulement elle lui apprend à nager , jouer et plonger dans l'eau , mais lorsqu'elle est à terre , elle s'en fait constamment accompagner ; et si le petit reste en arrière , elle retourne de temps en temps sa trompe , dans laquelle est placé l'organe de l'odorat , pour sentir s'il suit ou s'il est trop éloigné , et dans ce cas , elle l'appelle , et l'attend pour se remettre en marche.

Ursin
Vari
Xochitol
Yarque
Zébu

U. Ursin.

On nomme Ursin le petit d'un Ours.

L'Ours aime la solitude, et voilà pourquoi l'on dit de quelqu'un qui veut être seul : Il est comme un Ours.

Il est couvert d'un long poil destiné à lui tenir chaud, parce qu'il ne paroît guère que dans les pays froids et dans les montagnes dont le sommet est couvert de neige.

L'Ours a les pattes de devant faites de manière à pouvoir tenir un bâton, des fruits, etc. Il peut se tenir debout sur ses pattes de derrière; et quand on le prend jeune, on lui apprend à marcher, à danser, gesticuler.

La demeure de l'Ours est une caverne ou le creux d'un arbre; quelquefois il s'en fait une avec assez d'intelligence. Il prend des morceaux de bois qu'il casse et dispose en forme de petite loge ; il les recouvre ensuite de paille, d'herbe et de boue ; de manière qu'il est là-dedans à couvert du vent et de la pluie. Il reste presque tout l'hiver dans sa bauge.

L'Ours ne montre volontiers de méchanceté que lorsqu'on l'attaque. La femelle est dangereuse lorsqu'elle a des petits, et qu'elle craint pour eux. Elle en a ordinairement trois ou quatre. L'Ours vit vingt-cinq ans.

La voix de l'Ours est un grondement, un gros murmure, et souvent un frémissement de dents qu'il fait entendre lorsqu'on l'irrite.

V. Vari.

Le Vari est de la grosseur d'un Chien de moyenne grandeur, et est noir ou blanc. Il est extrêmement sauvage, et se trouve dans les forêts de l'Afrique. Ses pattes de devant et de derrière sont conformées comme celles du Singe.

Les voyageurs disent que les Varis sont furieux comme des Tigres, et que, s'il y en a seulement deux, il semble qu'il y en ait un cent. Ils sont très-difficiles à apprivoiser.

La voix du Vari tient un peu du rugissement du Lion, et est effrayante lorsqu'on l'entend pour la première fois.

X. Xochitol.

Cet oiseau vit en Amérique, et est fort peu connu.

Il a le dos et le croupion noirs ; la poitrine, le ventre et le dessous du corps d'un jaune de safran mêlé d'un peu de noir. Les ailes sont variées de noir et de blanc. La queue est de la même couleur que le dessous du corps.

Y. Yarque.

L'Yarque est une espèce de Singe, assez jolie. Tout le monde sait combien les Singes sont adroits ; l'Yarque ne leur cède en rien. Il marche sur ses pattes de derrière, se sert de celles de devant comme de deux petites mains ; il prend avec beaucoup de grâce un fruit, le mange et rejette le trognon.

Les Singes qui vivent dans les bois vont par troupes ; ils ont l'air de former un peuple, dont le voisinage n'est pas très-agréable. Quand ils ont aperçu dans un champ des fruits qui les tentent, ils guettent le moment favorable, font une irruption de vrais pillards, et ne se retirent que lorsqu'ils ont gâté trois fois plus de choses qu'ils n'en peuvent manger.

Les Singes se réunissent quand ils veulent attaquer quelques animaux qui leur déplaisent. Ils montent avec beaucoup d'adresse sur les arbres, et se plaisent à courir entre les branches et le feuillage. Ils sont fort friands d'œufs d'oiseaux et de leurs petits.

5

Dans les endroits où croissent le Poivre et le Coco, les Indiens se servent de l'instinct imitateur des Singes pour en recueillir ce qu'ils ne pourroient avoir sans leur secours. Ils montent sur les premières branches ; ils en cassent l'extrémité, où est le fruit, l'arrangent par terre comme par jeu, et se retirent. Les Singes, qui les ont examinés, viennent aussitôt après sur les mêmes arbres, les dépouillent jusqu'à la cime, et disposent ces branches comme ils l'ont vu faire aux Indiens ; ceux-ci reviennent pendant la nuit, et enlèvent la récolte.

Z. Zébu.

Le Zébu est une espèce de Bœuf ; il est cependant plus petit que les Bœufs que nous avons tous les jours sous nos yeux. Ce qui le distingue, c'est une grosse bosse qu'il a sur le dos. La bosse de la femelle est moins grosse que celle du mâle. On trouve ces animaux dans l'Asie.

Le Zébu a la même manière de vivre que nos Bœufs et nos Vaches. Le petit Zébu tette sa mère comme le Veau, et la femelle a du lait qui est aussi bon que le lait de nos Vaches.

———

PRINCIPALES RÈGLES

DE L'ORTHOGRAPHE.

L'ORTHOGRAPHE est la manière d'écrire correctement les mots d'une langue, c'est-à-dire, de les écrire avec les lettres et les accens nécessaires.

Règles à observer dans l'orthographe des noms.

La première règle qu'il faut observer dans l'orthographe des noms, c'est d'ajouter une *s* au pluriel ; ainsi on écrit un *homme*, une *maison*, et *les hommes*, *les maisons*.

Le pluriel est semblable au singulier dans tous les noms qui se terminent au singulier par *s*, *x*, ou *z* : ainsi on écrit le *fils*, les *fils* ; la *voix*, les *voix* ; le *nez*, les *nez*.

Les noms terminés au singulier par *au*, *eu*, *ou*, prennent *x* au pluriel : le *bateau*, les *bateaux*; le *feu*, les *feux*; le *caillou*; les *cailloux*.

La plupart des noms terminés au singulier par *al*, *ail*, font leur pluriel en *aux* : le *mal*, les *maux* ; le *travail*, les *travaux*.... *aïeul*, *ciel*, *œil*, font au pluriel *aïeux*, *cieux*, *yeux*.

Les noms terminés en *ant* et en *ent*, forment ordinairement leur pluriel en changeant le *t* en *s* ; exemples : L'*enfant*, les *enfans* ; le *commencement*, les *commencemens*, etc. Mais les monosyllabes conservent nécessairement le *t* avant l'*s* au pluriel ; le *gant*, les *gants* ; la *dent*, les *dents*, etc.

Les noms propres ne prennent point la marque du pluriel. Ainsi, on écrit sans *s*, les *Cicéron*, les *Fénélon*, les *Corneille*, les *Racine*, etc.

Ce peu d'exemples suffisent pour apprendre qu'il est essentiel de distinguer, en écrivant, le singulier d'avec le pluriel.

Des adjectifs.

Les adjectifs suivent les mêmes règles

que les noms ; ils exigent au pluriel une *s* ou un *x*, suivant les circonstances, c'est-à-dire suivant leur terminaison ; mais, dans tous les cas, ils doivent s'accorder en genre et en nombre avec les noms.

Ils s'accordent en genre ; c'est-à-dire, que si le nom est au masculin, l'adjectif doit être au masculin également ; un *beau livre*, un *grand château*, un *homme courageux*. Si le nom est féminin, il faut que l'adjectif soit féminin de même : une *belle femme*, une *grande maison*, une *armée heureuse.*

* Le nom et l'adjectif s'accordent en nombre, c'est-à-dire, que si le nom est au pluriel, comme nous l'avons dit, l'adjectif est nécessairement aussi au pluriel : les *animaux apprivoisés*, les *arbres touffus*, les *femmes vertueuses*, etc.

Les adjectifs qui se terminent par un *e* muet sont les seuls qui, au masculin et au féminin, ont la même terminaison ; ainsi on dit également un homme *aimable*, *habile*, une femme *aimable*, *habile* ;

un époux *fidelle*, une épouse *fidelle*; un ciel *tranquille*, une mer *tranquille*.

Mais les adjectifs qui se terminent en *é*, *ai*, *i*, *u* au masculin, prennent un *e* muet au féminin ; exemple : *un homme sensé, vrai, poli, ingénu ; une femme sensée, vraie, polie, ingénue*. Il faut bien remarquer cette règle à laquelle manquent tous ceux qui ne savent pas leur langue par principes.

Les adjectifs masculins en *el*, *ul*, *eil*, prennent au féminin *elle, ulle, eille* : homme *mortel*, femme *mortelle*; *nul, nulle*; *vermeil, vermeille*.

Les adjectifs en *c*, comme *blanc, franc, sec, caduc, grec, public, turc*, font au féminin *blanche, franche, sèche, caduque, grecque, publique, turque*.

Les adjectifs en *f* font leur féminin en *v*. *Bref, brève ; vif, vive*.

Ceux qui sont terminés en *eur* font leur féminin en *euse ; trompeur, trompeuse ; menteur, menteuse*.

Enfin, ceux qui sont terminés en *x* se changent en *se; dangereux, dange-

reuse ; *paresseux* , *paresseuse ;* mais *doux* fait *douce ; faux* fait *fausse.*

Des noms composés.

On appelle noms composés ceux qui sont formés de deux ou trois mots.

Quand un nom est composé de deux substantifs, ils prennent tous deux la marque du pluriel. Exemple : un *chef-lieu*, des *chefs-lieux.*

Quand un nom est composé d'un substantif et d'un adjectif, le substantif et l'adjectif prennent l'un et l'autre la marque du pluriel. Exemple : Un *arc-boutant*, des *arcs-boutans ;* un *bout-rimé*, des *bouts-rimés.*

Quand les noms composés sont formés d'une préposition ou d'un verbe et d'un nom , le nom seul prend la marque du pluriel ; exemple : *un avant-coureur , un entre-sol , un abat-vent , un garde-fou ; des avant-coureurs , des entre-sols , des abat-vents , des garde-foux.*

Quand un mot est formé de deux noms unis par une préposition , le premier des deux noms doit seul prendre la marque du pluriel. *Un arc - en - ciel, des arcs-en-ciel ; un chef-d'œuvre, des chefs-d'œuvre,* etc. : c'est comme si on disoit des *arcs dans le ciel, des chefs de l'œuvre.*

Il y a quelques mots que nous avons adoptés du latin sans les changer, et auxquels on ne met point la marque du pluriel ; ainsi on écrit des *opéra,* des *duo,* des *alinéa,* des *aparté,* des *quiproquo,* des *factum,* etc.

Orthographe des Verbes.

Dans l'orthographe des verbes, il faut d'abord savoir comment s'écrit le verbe dont il est question à *l'infinitif,* et ensuite prendre garde au *temps* qu'il désigne et à *la personne* qui parle ou dont on parle. Prenons le verbe *aimer* pour exemple.

L'infinitif se termine par *er, aimer, il faut aimer,* que l'on prononce comme *é* fermé, à moins qu'une voyelle ne commence le mot qui suit. Ainsi, on dit, en faisant sonner l'*r, aimer une personne,* et sans faire sonner l'*r, aimer quelqu'un.*

Au participe on met l'*é* fermé, et l'on écrit *un homme aimé*. Le participe suit la règle des adjectifs, c'est-à-dire, qu'on le fait accorder en genre et en nombre avec le nom auquel il se rapporte. Ainsi, on met une *s* au participe dans *les hommes aimés*, et un *e* muet dans *femme aimée*.

Ce participe, joint au verbe auxiliaire *être*, qui forme le passif *être aimé*, suit également la règle des adjectifs : ainsi, si un homme écrit *je suis aimé*, il se contente de mettre l'*é* fermé ; mais si c'est une femme, elle ajoute l'*e* muet, et écrit *je suis aimée*. Il faut avoir la même attention dans les autres *personnes* de chaque *temps* : *il est aimé, elle est aimée*.

La première *personne* du *présent* de *l'indicatif* est *j'aime* ; la seconde, *tu aimes*. Il faut bien remarquer que dans tous les verbes, cette seconde personne du singulier prend toujours une *s*, quoiqu'on ne la prononce jamais que devant un mot commençant par une voyelle : c'est une des habitudes de notre orthographe. *Il aime*, qui se prononce de même, n'en prend point. *Nous aimons :* cette première personne du pluriel du présent et de tous les autres temps , se termine toujours par une *s ;* c'est ce qu'il faut bien remarquer , afin de ne point mettre une *s* également à la troisième personne du pluriel , par exemple , du futur *ils aimeront,* qui se prononce de même , quand le mot qui suit ne commence pas par une voyelle. Cette troisième personne du pluriel , dans tous les *temps,* veut un *t : ils aiment,* qu'on prononce comme *aime ,* quand une voyelle ne suit pas , se termine toujours par un *t,* mais que l'on fait encore précéder d'une *n ,* qui paroît totalement inutile. Pour savoir d'où vient l'usage de ces lettres *nt,* il faut dire que , dans l'enfance de notre langue , on prononçoit *ils aimint,* en passant légèrement sur *int ;* peu à peu ces trois lettres n'eurent la valeur que d'un *e* muet , et aujourd'hui on ne les fait sentir que devant une voyelle : *ils aiment à rire.*

La seconde personne du pluriel , *vous aimez ,* se termine par *ez.*

L'imparfait de l'indicatif se termine toujours de cette manière : *ois, ois, oit, ions, iez, oient.*

J'aim*ois*, tu aim*ois*, il aim*oit*; nous aim*ions*, vous aim*iez*, ils aim*oient.*

Le temps parfait ou passé, *j'ai aimé*, étant composé du verbe auxiliaire *avoir*, et du participe *aimé*, suit les deux règles des verbes et des participes *j'ai aimé, tu as aimé, il a aimé; nous avons aimé, vous avez aimé, ils ont aimé.* Il faut remarquer ici que le participe *aimé* ne s'accorde point avec la personne qui fait le sujet de la phrase ; ainsi on écrit : *Pierre a aimé ce séjour, Lise a aimé ce séjour, nous avons aimé ce séjour;* parce qu'*aimé* ne se rapporte ni à *Pierre*, ni à *Lise*, ni à *nous.*

Le parfait défini, *j'aimai*, tu *aimas*, il *aima*; nous *aimâmes*, vous *aimâtes*, ils *aimèrent.*

Le parfait antérieur : *j'eus* aimé, tu *eus* aimé, il *eut* aimé; nous *eûmes*, vous *eûtes*, ils *eurent* aimé.

Plusque-parfait *j'avois, tu avois, il avoit; nous avions, vous aviez, ils avoient* aimé.

Futur ou temps à venir : *j'aimerai, tu aimeras, il aimera* ; nous *aimerons, vous aimerez, ils aimeront.*

Futur passé : *j'aurai* aimé, etc.

Conditionnel présent : *j'aimerois.* L'oreille seule avertit que ce temps demande une autre orthographe que le futur *j'aimerai. J'aimerois,* tu *aimerois,* il *aimeroit* ; nous *aimerions,* vous *aimeriez,* ils *aimeroient.*

Conditionnel passé : *j'aurois* aimé , etc. Le Verbe auxiliaire *j'aurois* suit l'orthographe de *j'aimerois.*

J'eusse aimé, tu *eusses,* il *eût;* nous *eussions,* vous *eussiez,* ils *eussent* aimé. Il est bien essentiel de ne pas confondre l'orthographe de ce temps avec celle du parfait antérieur *j'eus* aimé. Vous remarquerez aussi qu'on met un accent circonflexe sur l'*û* de la troisième personne du singulier, parce que cet *û* est long, et qu'autrefois on écrivoit *il eust.*

Impératif : *aime;* point d's ici, quoique ce soit une seconde personne.

Imparfait du subjonctif : que *j'aimasse,* que tu *aimasses* (toujours l's finale), qu'il *aimât,* (l'accent circonflexe sur l'*A* qui est long); que nous *aimassions,* que vous *aimassiez,* qu'ils *aimassent.*

Parfait du subjonctif : que *j'aye* aimé, que tu *ayes,* qu'il *ait;* que nous *ayons,* que vous *ayez,* qu'ils *aient* aimé.

L'orthographe de ces différens temps du verbe *aimer,* doit servir de règle pour tous les verbes dont l'infinitif est en *er* : ainsi, *charmer, danser, enflammer,* etc. ont les mêmes terminaisons ; il ne s'agit donc, comme nous l'avons dit en commençant cet article, que de voir comment s'écrit l'infinitif ; car c'est de là que découlent tous les autres temps.

Il y a cependant dans notre langue nombre de verbes dont quelques temps ressemblent peu à l'infinitif ; par exemple, je *viendrai*, je *suis venu*, ont peu de rapport avec l'infinitif *venir* ; mais ces irrégularités ne changent point la manière d'orthographier les terminaisons qui indiquent les temps.

Tous les verbes dont l'infinitif est en *er*, ont la première personne du présent de l'indicatif qui se termine par un *e* muet ; mais presque tous les autres prennent une *s* ou *x* : ainsi, *boire*, *croire*, font je *bois*, je *crois* ; à la troisième personne on change l's en *t*, il *croit*, il *boit*. *Vouloir* fait je *veux*, avec une *x*, qui se conserve à la seconde personne, et qui se change en *t* à la troisième : il *veut*. *Boire*, *croire*, font au parfait, j'ai *bu*, j'ai *cru*, sans *s* ni *t* ; mais il faut en mettre une au parfait défini : je *bus*, tu *bus*, il *but*.

Faire donne au présent de l'indicatif, je *fais*, tu *fais*, il *fait*. Le participe est *fait*, ainsi le parfait est j'ai *fait*. *Dire*, donne je *dis*, au parfait j'ai *dit*.

Les verbes en *cre*, *tre* et *dre* se terminent, à la première et à la seconde personne, en *cs*, *ts* ou *ds*; à la troisième on ne fait que retrancher *s*. *Convaincre*, je *convaincs*, tu *convaincs*, il *convainc*; combattre, je *combats*, tu *combats*, il *combat*; répandre, je *répands*, tu *répands*, il *répand*.

Les verbes en *ier* prennent un *e* muet; *étudier*, j'*étudie*, tu *étudies*, il *étudie*; *envoyer*, j'*envoie*, il *envoie*.

Les verbes en *ir* prennent une *s* : *finir*, je *finis*, il *finit*.

Des Consonnes finales.

Les consonnes finales ne se prononcent point dans la plupart des mots; et l'on est souvent embarrassé pour orthographier les syllabes finales de plusieurs noms.

Pour savoir comment s'écrivent les finales des substantifs, il faut faire attention aux mots qui en sont dérivés. Par exemple, on écrira *plomb*, à cause de *plomber*; le *blanc*, le *franc*, le *sec*, de *blancheur*, franchise, sécheresse ; le *rond*, le *ha-sard*, l'*accord* ; le *dard*, de *rondeur*, *ha-sarder*, *accorder*, *darder* ; le *rang*, le *sang*, le *hareng*, de *ranger*, *sanguin*, *harengère* ; le *fusil*, le *sourcil*, de *fusil-ler*, *sourciller* ; le *parfum*, le *nom*, de *parfumer*, *nommer* ; le *van*, le *charla-tan*, l'*aiguillon*, la *raison*, le *raisin*, le *tribun* ; de *vanner*, *charlatanerie*, *aiguillonner*, *raisonner*, *raisiné*, *tri-bunat* ; le *camp*, le *drap*, le *galop*, de *camper*, *drapier*, *galoper* ; le *sens*, le *bon-sens*, de *sensible*, *sensé* ; *embar-ras*, *accès*, d'*embarrasser*, *accessible* ; *tapis*, *repos*, de *tapisser*, *reposer* ; *pro-jet*, *abricot*, *sanglot*, de *projeter*, *abri-cotier*, *sangloter* ; *début*, *rebut*, *salut*, de *débuter*, *rebuter*, *saluer* ; *récit*, *cré-dit*, *fruit*, la *nuit*, de *réciter*, *accrédi-ter*, *fruitier*, *nuitamment*. DE WAILLY.

De la prononciation de l's.

Une *s* seule entre deux voyelles a le son du *z* : ainsi l'on écrit *rose*, *chose*, *cause*, *peser*, *hasard*.

Deux *ss* ont, au contraire, le son fort, comme dans *passion*, *desservir*, *dessécher*, *concession*, etc.

Une *s* seule après une consonne prend aussi un son fort, mais en faisant sentir qu'il n'y en a qu'une : *pension*, *version*, *penser*, etc.

Du t entre deux voyelles.

Le *t* entre deux voyelles prend ordinairement le son de deux *ss*, ou du *c*, comme dans *ambition*, *partition*, etc.

Cependant dans *pétition*, le premier *t*, quoiqu'entre deux voyelles, garde le son qui lui est naturel, tandis que le second prend celui du *c*.

Dans *portion*, *partial*, *capitaux*, *invention*, etc. le *t*, quoique précédé d'une consonne, a encore le son du *c*.

On ne peut donner ici de règles générales ; car si l'on dit que le *t*, suivi de l'*o* et d'une autre voyelle, prend communément le son du *c*, le mot *question*, qui est dans le même cas, renversera cette règle, en conservant au *t* sa prononciation.

De l mouillée.

Un commençant est souvent embarrassé pour écrire les mots, *citrouille*, *bouillir*, *famille*, *bâiller*, *bail*, etc. Ces *ll* se nomment mouillées, et il est à remarquer qu'elles prennent ordinairement ce son quand elles sont précédées d'un *i* : cette règle cependant n'est pas encore générale.

Des accens.

Les accens ont été inventés pour modifier le son des voyelles. Nous en avons trois dans notre langue, et on les place sur les voyelles mêmes. L'accent aigu, qu'on représente ainsi (´) et qui se met sur un *é* seul. L'accent grave (`) qui se met sur *à*, *è*, *ù*; et l'accent circonflexe que l'on met sur *â*, *ê*, *î*, *ô*, *û*.

L'accent aigu sert à faire prononcer l'*é* fermé, comme dans *répété, réuni, vérité, été*. L'oreille seule peut avertir les moins instruits des cas où il est nécessaire de mettre cet accent.

L'accent grave se met, 1°. sur les *è* fort ouverts et suivis d'une *s* finale. *Succès, auprès, progrès, dès qu'il*, etc.

2°. Il se met aussi sur l'*à* préposition, afin de le distinguer de l'*a* troisième personne du présent de l'indicatif du verbe *avoir*; ainsi on ne le met point dans : *il a acheté une maison*, et on le met dans : *il ira à sa maison*. Ces deux *a* n'ont cependant pas une prononciation différente; mais l'usage exige qu'on les distingue ainsi. On met également l'accent grave sur *là* adverbe, pour le distinguer de *la* article.

3°. On place l'accent grave sur *où* adverbe de lieu, pour le distinguer de la conjonction *ou* : ainsi quand on dit *vous* ou *moi*, on n'en met point ; mais il en faut sur l'*u* de *où êtes-vous ? au temps* où *je vous verrai.*

L'accent circonflexe rend les voyelles plus longues, et indique qu'on retranche une lettre. Autrefois on écrivoit *baailler*, *tempeste*, *mesme*, *giste*, *fluste*, etc. ; on écrit maintenant en prononçant de même, *bâiller*, *tempête*, *même*, *gîte*, *flûte*.

Du ç cédille.

Le *ç* cédille prend le son d'une *s* prononcée fortement, et s'emploie quand il faut lui donner ce son devant *a*, *o* et *u*. Ainsi, on met la cédille dans les mots *façade*, *je reçois*, *reçu*. Si on l'oublioit, ces mots se prononceroient *fakade*, je *rekois*, *reku*. Cette cédille est inutile au *c* quand il est devant *e* et *i*, parce qu'alors on le prononce naturellement comme une *s* fortement exprimée : *Ceci*, *ceux*, *ciel*.

Du Tréma.

On nomme tréma deux points, ainsi figurés (··) et que l'on met sur *i*, *u*, *e*, quand ces lettres ne sont pas prononcées ou ne font pas syllabe avec la voyelle qui précède. Exemple : *Haïr, laïque, héroïque, Esaü, Saül, ciguë*, etc. ; on prononce *ha-ïr, la-ïque, héro-ïque, Esa-ü, Sa-ül, cigu-ë*.

De l'Apostrophe.

L'apostrophe, que l'on marque ainsi ('), indique qu'une lettre est retranchée ; *a* et *e* se retranchent dans *le, la, me, te, se, de, ne, que, ce*, quand le mot qui doit suivre commence par une voyelle ou une *h* muette ; et alors, à la place de l'*a* ou de l'*e*, on met l'apostrophe. Exemple : *L'amitié, l'harmonie, l'homme, j'aime, qu'il, c'est, il n'est pas*. L'apostrophe indique les lettres retranchées : *La amitié, la harmonie, le homme, je aime, que il, ce est; il ne est pas*.

Du trait d'union.

Le trait d'union (-) est principalement employé à réunir deux mots qui n'en forment plus qu'un ; comme *avant-coureur, chef-d'œuvre, peut-être, tout-à-coup.*

On le met aussi entre les verbes et les pronoms *je, moi, toi, tu, nous, vous, il, ils, elle, elles, le, la, les, lui, leur, y, en, ce, on,* quand ces pronoms sont après le verbe. Exemples : *Irai-je ? viens-tu ? donnez-moi, sers-toi, irons-nous ? viendrez-vous ? iront-ils ? vient-on ? donnez-lui, allez-y.*

On emploie encore le trait d'union avant ou après *ci, là, çà ;* comme *celle-ci, celle-là, cet homme-ci, ci-dessus, là-haut, demeure-là, jusque-là, venez-çà.*

Enfin, le trait d'union sert à partager un mot en deux, quand on ne peut pas le mettre tout entier à la fin d'une ligne. Ce partage ne doit se faire que dans les

4

mots qui sont pour le moins de deux syllabes, et de manière qu'une syllabe pleine
commence l'autre ligne.

Des lettres capitales.

Les lettres capitales ou majuscules, se
mettent à la tête des noms propres d'hommes et de lieux, *Adam*, *Eve*, *Paris*,
Rome.

De la ponctuation.

La ponctuation est très - essentielle :
non - seulement elle sert à marquer les
pauses d'une phrase, et les phrases d'un
discours ; mais elle décide encore le sens,
qui, quelquefois, seroit ambigu si l'on ne
savoit où il faut s'arrêter. On emploie six
marques pour ponctuer.

La virgule . . . . ,
Le point avec la virgule . . . . . ;
Les deux points . . . . :
Le point . . . .
Le point interrogatif . . . . ?
Le point admiratif ou d'exclamation. !

« La virgule sert à distinguer les substantifs, les adjectifs, les verbes et les
adverbes, qui ne se modifient point l'un
l'autre.

Tôt ou tard la vertu, les grâces, les talens,
Sont vainqueurs des jaloux, et vengés des méchans.

*La charité est patiente, douce,
bienfaisante, etc. Boire, manger,
jouer, dormir, se promener, sont les
occupations les plus ordinaires des
personnes du grand monde. Pour de-
venir savant, il faut étudier constamment, méthodiquement, avec goût,
avec application.*

« La virgule sert encore à distinguer
les différentes parties d'une phrase, ou
d'une période ; elle se met aussi avant et
après les expressions qui marquent quelque circonstance. Exemple : *l'étude du
cabinet rend savant, et la réflexion
rend sage. Il est bien difficile, quelque
philosophie qu'on ait, de souffrir long-
temps sans se plaindre.* »

« Le point avec la virgule distingue les

phrases qui sont sous le même régime, ou une phrase qui est à la suite d'une autre dont elle dépend. On met encore le point avec la virgule entre les principaux membres d'une période, quand ils sont longs, et qu'ils renferment plusieurs parties déjà séparées par les virgules.

Il n'est point de défaut plus bas que l'avarice ;
Il suffit de paroître entiché de ce vice,
Pour être regardé comme un homme sans cœur.

Les Bramins ne mangent d'aucune chose qui ait eu vie, pas même des herbes rouges ; parce qu'ils croient qu'il y a du sang.

L'auteur, pour bien écrire, doit être également attentif aux choses qu'il dit, et aux termes dont il se sert, afin qu'il y ait du vrai et du goût dans ses ouvrages.

« Les deux points se mettent après une phrase finie, mais suivie d'une autre, qui sert ou à l'étendre, ou à l'éclaircir.

Que notre piété soit sincère et solide;
Ne faisons point un art de la dévotion;
Mais qu'à ses mouvemens la prudence préside:
Chacun peut être saint dans sa condition.
Il ne se faut jamais moquer des misérables :
Car, qui peut s'assurer d'être toujours heureux ?

« Le point se met à la fin des phrases, quand le sens est fini.

« Le point interrogatif se met dans les phrases qui expriment une interrogation. Exemple :

N'as-tu besoin d'aucune chose ?
D'aucun de tes amis la bourse ne t'est close.
Sait-on que tu veux emprunter?
Pas un de tes amis n'a moyen de prêter.

« Le point admiratif se met dans les phrases qui expriment une admiration ou une exclamation.

Qu'un ami véritable est une douce chose!

Heureux celui qui, plein de crainte
Pour la divine majesté,
Marche sans détour et sans feinte
Dans le sentier de l'équité!

(*Extrait de WAILLY.*)

6

CONTE.

Il faut, mes enfans, que je vous donne un exemple de la bienfaisance récompensée.

Un petit garçon de sept à huit ans couroit auprès d'un grand bois. Il avoit son déjeuner dans un panier qu'il portoit à son bras : il le regarda ; ce déjeuner étoit appétissant. Il s'assit sur le gazon, et se disposoit à l'expédier, lorsqu'il entendit quelqu'un se plaindre à quelques pas de lui, derrière un buisson. Il se releva aussitôt, et courut vers le lieu d'où partoient les plaintes.

La personne qui se plaignoit, étoit une bonne vieille femme qui s'étoit trouvée mal, et qui sembloit près de mourir. Elle s'étoit égarée dans le bois, et elle avoit tant marché, tant marché, qu'elle ne savoit plus où elle étoit. Elle n'avoit cependant pas déjeuné, et c'étoit le besoin de manger qui l'avoit extrêmement affoiblie.

O mon Dieu ! ma bonne femme, dit le petit garçon, qu'avez-vous ?

Pourrois-tu me donner un peu d'eau, mon enfant ? répliqua la vieille.

Oh oui, reprit l'enfant ; il y a une fontaine ici tout près : je vais chercher de l'eau dans un petit gobelet que j'ai dans ma poche.

Tout en parlant ainsi, il couroit vers la fontaine. En un moment il fut de retour : Tiens, ma bonne femme, dit-il, voilà de l'eau bien belle.

La bonne femme but : Mais, ajouta le petit garçon, c'est bien peu de chose que de l'eau ; si tu voulois le pain et les fruits qui sont dans mon panier ? La vieille femme n'osoit pas dire oui, quoiqu'elle eût bien faim. Oh ! je n'ai pas encore faim, moi, se hâta de dire l'enfant. Prends ce pain, ces fruits, prends ; j'en aurai d'autres tantôt.

Le petit garçon étoit bien sûr cependant qu'il n'auroit pas d'autre déjeuner ; car c'étoit un orphelin qu'on élevoit par charité, et à qui de bonnes gens avoient, par hasard, donné du pain blanc et des fruits ; mais il vouloit que la bonne femme mangeât.

Elle prit donc une portion de son déjeuner. Ce peu de nourriture lui fit beaucoup de bien ;

les forces lui revinrent, et elle se leva. Oh! disoit-il, si j'avois un papa et une maman, je vous mènerois chez eux.

Pauvre petit enfant ! dit la vieille, tu n'as donc ni père ni mère ?

— Hélas ! non, madame.

— Et qui est-ce qui a soin de toi, mon enfant ?

— Madame, ce sont de bien bonnes gens, que j'aime beaucoup, mais qui sont très-pauvres.

— Comme ça, je vois, reprit la vieille, que tu n'auras pas un autre déjeuner ?

L'enfant hésitoit à répondre ; mais il fit un saut avec gaîté, et dit, en riant, qu'il n'avoit pas faim.

Tu m'intéresses, continua la vieille femme : tu as un bon cœur, tu mérites qu'on te fasse du bien : moi, je ne suis pas si pauvre ; viens avec moi : tu seras mon fils, et à mon tour je te donnerai à manger.

La bonne femme étoit effectivement fort à son aise. Elle prit avec elle le petit garçon, l'aima comme un fils, et fut aimée comme une tendre mère. Elle lui donna de beaux habits, lui fit apprendre à lire, à écrire, lui fit prendre un état; et ce petit garçon, qui avoit montré un si bon cœur, put, le reste de sa vie, exercer sa bienfaisance.

Vous voyez, mes enfans, que ceux qui font le bien se font toujours aimer. Si le petit garçon n'eût pas offert généreusement son déjeuner à la vieille femme, elle n'auroit pas eu pitié de lui; et il seroit resté pauvre toute sa vie.

LE COCHON,
FABLE.

LORSQUE les hommes s'avisèrent de faire servir les animaux à leurs besoins, le cheval s'y prêta volontiers. On l'attela à une charrette; l'âne voulut bien porter un bât et des paniers; la vache donna son lait; le cochon ne put jamais se résoudre à rien faire; c'étoit un gros vilain paresseux, qui ne savoit que manger et dormir.

Ah! tu ne veux que manger, dirent les hommes! eh bien, tu t'en repentiras. Qu'on lui donne à manger le jour et la nuit; qu'il engraisse.

On le mit dans un petit endroit où il se vau-
tra dans son fumier, et n'eut besoin que de
lever la tête pour atteindre son auge. Il se
croyoit le plus heureux des animaux; mais cela
ne dura pas long-temps : un beau matin, on
vint le prendre, on le tua, et il fut mis dans
le saloir. Le cheval, l'âne et la vache furent
soignés jusque dans leur vieillesse.

Cette fable nous apprend que les gourmands
sont toujours méprisables, et que le sort le
plus à plaindre leur est réservé.

LE PETIT CHIEN MÉCHANT,

FABLE.

Un petit chien étoit si méchant, que lorsque sa mère venoit pour lui donner à teter, il
la mordoit jusqu'au sang. La pauvre bête n'o-
soit presque plus s'en approcher; à la fin elle
cessa de venir.

Qu'en arriva-t-il? Le petit chien méchant
fut abandonné, et mourut de faim.

Voilà ce qui arriveroit aux enfans qui sont
méchans, si leurs parens les abandonnoient ;
mais il y a encore plus de bonté chez les pères
et mères, que de méchanceté chez les enfans.

LA PIE,

FABLE.

C'EST un bien vilain défaut, que celui de trop parler, et d'aller rapporter ce que l'on a vu ! Ecoutez cette fable, faite pour vous instruire.

Une Pie babilloit tant et tant, qu'elle ennuyoit tout le monde ; personne ne pouvoit la souffrir. Les méchans animaux prenoient seuls plaisir à l'écouter, parce qu'elle leur apprenoit mille choses dont ils tiroient parti pour le mal qu'ils vouloient faire.

Il y avoit surtout un Epervier qui la venoit voir souvent, pour savoir où étoient les nids des petits oiseaux. Depuis quelque temps il guettoit deux pauvres tourterelles. Il crut que la Pie ne manqueroit pas de lui dire ce qu'elle en savoit. Il fut la trouver.

Bonjour, ma commère, dit-il. Mon compère, je vous salue, répondit la Pie ; et la conversation commença. En bon voisin, l'Epervier demanda des nouvelles de tous les oiseaux ; il étoit bien fâché de ne pas les visiter plus souvent. Et ces deux aimables tourterelles que j'ai vues avec vous , ajouta-t-il, que sont-elles devenues ? Elles m'ont beaucoup intéressé. O mon Dieu, dit la Pie , je sors d'avec elles. Te-nez , voyez-vous ce vieux chêne ? C'est là qu'elles ont fait leur nid ; elles ont deux petits charmans.

L'Epervier n'en vouloit pas savoir davan-tage : il dit adieu à la babillarde , et s'en fut bien vîte au chêne, où il trouva le nid. Les petits étoient un morceau friand pour lui : le cruel se jeta dessus , et les dévora.

Si la Pie eût su se taire, les Tourterelles auroient conservé leurs petits ; et c'est ainsi qu'on fait souvent beaucoup de mal en trop parlant.

LE JEUNE HOMME ET LES FLEURS,

FABLE.

L'AURORE avoit rajeuni la nature
De son souffle odorant, et répandu ses pleurs
En diamans légers sur la jeune verdure,
        Et dans le calice des fleurs.
Les fleurs, je les cueillois au milieu des prairies ;
    Je les cueillois, puis j'en ornois mon sein.
        Les fleurs sont belles le matin ;
    Le soir, hélas ! je les trouvai flétries,
        Et je déplorai leur destin.
    Mes richesses déjà sont donc évanouies !
        Disois-je en les considérant.
Un vieillard m'aperçut, et sourit doucement.
    Il étoit sage ; il me dit : Mon enfant,
        Cueille une fleur dans la prairie,
        C'est pour le plaisir du moment ;
        Mais acquiers aussi du talent ;
        C'est pour le bonheur de la vie.

LE SERIN ET LE HIBOU,
FABLE.

Un Serin et un Hibou étoient élevés ensemble ; mais ils ne se ressembloient guères. Le Hibou étoit triste, ennuyeux ; ne vouloit voir personne, et donnoit des coups de bec quand on s'approchoit de lui.

Le Serin, au contraire, étoit charmant, chantoit tout le jour, venoit béqueter son maître, et ne manquoit jamais de lui faire accueil.

La différence des caractères fit la différence des sorts.

Le Serin fut aimé et fêté ; on lui parloit à chaque instant, à chaque instant on lui donnoit du sucre ou de l'échaudé. Le Hibou ne pouvoit pas être aussi heureux : on le détestoit tant, qu'on finit par le mettre dans un vieux grenier, où il fut obligé de manger des souris pour ne pas mourir de faim.

Les enfans aimables, gais et obéissans, sont toujours aimés ; tandis qu'on ne peut souffrir ceux qui sont sournois, obstinés et méchans.

Signes de la Ponctuation.

,	Virgule.
;	Point-Virgule.
:	Deux points.
.	Point.
?	Point d'interrogation.
!	Point d'exclamation.
'	Apostrophe.
( )	Parenthèses.
»	Guillemet.
-	Trait d'union.
ç	Cédille.

	Chiffres Arabes.	Chiffres Romains.
un.	1	I.
deux.	2	II.
trois.	3	III.
quatre.	4	IV.
cinq.	5	V.
six.	6	VI.
sept.	7	VII.
huit.	8	VIII.
neuf.	9	IX.
dix.	10	X.
onze.	11	XI.
douze.	12	XII.
treize.	13	XIII.
quatorze.	14	XIV.
quinze.	15	XV.
seize.	16	XVI.
dix-sept.	17	XVII.
dix-huit.	18	XVIII.
dix-neuf.	19	XIX.
vingt.	20	XX.
trente.	30	XXX.
quarante.	40	XL.
cinquante.	50	L.

Chiffres Arabes.		Chiffres Romains.
soixante.	60	LX.
soixante-dix.	70	LXX.
quatre-vingts.	80	LXXX.
quatre-vingt-dix.	90	XC.
cent.	100	C.
deux cents.	200	CC.
trois cents.	300	CCC.
quatre cents.	400	CCCC.
cinq cents.	500	D.
six cents.	600	DC.
sept cents.	700	DCC.
huit cents.	800	DCCC.
neuf cents.	900	DCCCC.
mille.	1000	M.

F I N.